Ingrid Uebe

# Dinosauriergeschichten

Zeichnungen von Heinz Ortner

*Der Umwelt zuliebe ist dieses Buch*
*auf chlorfrei gebleichtem Papier gedruckt.*

ISBN 3-7855-2651-2 – 4. Auflage 1999
© 1994 Loewe Verlag GmbH, Bindlach
In anderer Ausstattung 1990 erstmals im Loewe Verlag erschienen
Umschlagillustration: Heinz Ortner

# Inhalt

# Der Geburtstagswunsch

Peter hatte diesmal nur einen einzigen Geburtstagswunsch. Er wünschte sich einen kleinen Dinosaurier. Zuerst sagte er es Mama. Die schlug vor Schreck die Hände über dem Kopf zusammen und rief: „Aber Peter, das geht nicht. Es gibt doch gar keine Dinosaurier mehr. Sie sind doch längst ausgestorben."

„Ich will aber unbedingt einen haben", sagte Peter. „Du musst mit Papa darüber sprechen. Bestimmt kann er irgendwo einen besorgen."

Peter hatte großes Vertrauen zu seinem Vater. Zu seiner Mutter natürlich auch. Und zusammen waren die beiden einfach unschlagbar.

Am Abend, als Peter schon schlief, sprach Mama mit Papa.

„Einen kleinen Dinosaurier?", fragte Papa und schüttelte den Kopf. „Der Junge ist wohl verrückt! Wo soll ich denn einen kleinen Dinosaurier herkriegen?"

„Ich weiß auch nicht", sagte Mama. „Aber Peter glaubt fest daran, dass du alles kannst. Auch das Unmögliche."

Papa wollte sehr gern alles können. Auch das Unmögliche. Und vor allem wollte er, dass Peter fest daran glaubte.

Also beschloss er sich umzugucken.

Am nächsten Tag ging er in die Tierhandlung und sagte: „Ich hätte gern einen kleinen Dinosaurier."

Der Tierhändler sah ihn erstaunt an. „Aber Dinosaurier haben wir nicht", antwortete er. „Weder große noch kleine. Aber wir haben sehr niedliche Meerschweinchen. Die nehmen nicht so viel Platz weg."

Papa schüttelte den Kopf. „Nein, Meerschweinchen kann ich nicht brauchen. Mein Peter hat sich einen kleinen Dinosaurier zum Geburtstag gewünscht. Etwas anderes will er nicht haben."

„Vielleicht versuchen Sie es einmal im Warenhaus", sagte der Tierhändler. „Da haben sie eine größere Auswahl. Sie können unter ihrem Dach ja auch mehr unterbringen."

Da ging Papa ins Warenhaus. Er fuhr mit der Rolltreppe in die Tierabteilung. Dort gab es Streifenhörnchen, Fische, Wellensittiche und kleine Hunde. Nur Dinosaurier sah er nicht.

Der Verkäufer runzelte die Stirn, als Papa danach fragte. „Dinosaurier führen wir nicht", sagte er. „Die Nachfrage ist nur gering. Genau genommen sind Sie der Erste, der einen haben will."

Papa fuhr mit der Rolltreppe wieder nach unten und verließ das Warenhaus. Er wollte sich schon betrübt auf den Heim-weg machen – da hatte er eine gute Idee: Vielleicht konnte er es im Zoo versuchen! Auf alle Fälle würde man ihm dort eine sachkundige Auskunft geben.

Also fuhr Papa zum Zoo. Er kaufte eine Eintrittskarte und fragte gleich an der Kasse nach dem Direktor. Ein Wärter zeigte ihm den Weg.

Achtlos ging Papa an den Elefanten,

den Bären, Löwen und Tigern vorbei. Er
warf auch keinen Blick auf die Affen. Nein,
er marschierte schnurstracks ins Büro
des Zoodirektors, der hinter einem
riesigen Schreibtisch thronte.

„Guten Tag, Herr Direktor!", sagte Papa.
„Können Sie mir vielleicht sagen, wo man
kleine Dinosaurier bekommt? Ich weiß,
dass das schwierig ist, vielleicht sogar
unmöglich. Aber mein Peter will unbedingt
einen zum Geburtstag haben."

Der Zoodirektor seufzte. „Ich würde auch sehr gern einen kleinen Dinosaurier haben", sagte er dann. „Zum Geburtstag oder auch an jedem anderen Tag meines Lebens. Dafür würde ich alles geben, was ich besitze, und alles tun, was man von mir verlangt. Aber das ist nur ein Traum. In Wirklichkeit weiß ich, dass der letzte Dinosaurier vor ungefähr fünfundsechzig Millionen Jahren gestorben ist. Ich kann Ihnen beim besten Willen nicht helfen."

„Schade!", sagte Papa bedauernd. „Im Grunde habe ich das befürchtet. Aber ich wollte nichts unversucht lassen."

Traurig machte er sich auf den Heimweg.

Mama sah ihm natürlich gleich an, dass er nirgendwo einen kleinen Dinosaurier bekommen hatte.

Aber Peter merkte nichts. Er freute sich sehr auf seinen Geburtstag. Er war schon ganz aufgeregt. Beim Abendbrot sagte er: „Morgen ist es soweit. Morgen geht mein großer Wunsch in Erfüllung."

„Hör mal, mein Junge", sagte Papa, „ich fürchte …" Aber mehr sagte er nicht.

Mama schüttelte leise den Kopf und legte einen Finger auf die Lippen. Da schluckte Papa den Rest mit einem Stück Butterbrot runter.

Als Peter im Bett lag, ging Mama an ihren Nähkasten und kramte eine Weile darin herum. Dann setzte sie sich zu Papa aufs Sofa.

Sie sagte lächelnd: „Wenn man keinen Dinosaurier kaufen kann, dann muss man eben selbst einen machen."

Mama legte ein Stück grünen Samt auf den Tisch und schnitt es zu. Dann nahm sie Nadel und Faden und begann zu nähen. Papa sah zu.

Kurz vor Mitternacht hatte Mama den kleinen Dinosaurier endlich fertig. Er war etwa so groß wie ein Teddybär. Er hatte einen festen, weichen Körper und einen langen, beweglichen Hals. Er blickte aus blanken Knopfaugen vergnügt in die Welt.

Am nächsten Morgen brannten auf Peters Geburtstagstisch acht Kerzen. Daneben stand eine Vase mit bunten Blumen. Davor lagen die Geschenke: ein Spiel, ein Buch, ein Pullover, eine Tafel Schokolade. Und dann noch ein hohes viereckiges Paket.

Peter packte es aus und strahlte über das ganze Gesicht. Ein kleiner, samtweicher grüner Dinosaurier reckte ihm seinen Hals entgegen.

„Er ist wunderschön!", rief Peter begeistert. „Genau so einen Dinosaurier habe ich mir gewünscht. Eigentlich ist er besser als ein lebendiger, weil er nicht wächst und weil ich ihn überall mit hinnehmen kann."

„Ja, da hast du Recht", sagte Papa nun erleichtert. „Wenn du willst, kannst du ihn schon heute Nachmittag mit in den Zoo nehmen. Ich lade euch ein. Vielleicht begegnen wir dem Zoodirektor. Ich bin sicher, dass er ganz neidisch ist, wenn er deinen kleinen Dinosaurier sieht."

Das war ein guter Vorschlag! Peter
nickte begeistert. Ein Zoobesuch war
noch ein Geburtstagsgeschenk mehr. Er
bewunderte nun auch die anderen
Sachen, die er bekommen hatte. Seinen
kleinen Dinosaurier ließ er dabei nicht los.

# Blauschleifchen

Es war einmal ein kleiner süßer Dinosaurier. Den hatten alle anderen Dinosaurier sehr lieb. Am allerliebsten aber
hatte ihn seine Großmutter Bronto. Die
brachte ihm immer etwas mit, wenn sie
zu Besuch kam.

Einmal schenkte sie ihm eine blaue
Schleife für seinen langen Hals. Die trug
der kleine Dinosaurier nun jeden Tag. Er
mochte sie gar nicht mehr ausziehen.
Deshalb nannte ihn alle Welt nur noch
Blauschleifchen.

Eines Tages rief ihn seine Mutter und
sprach: „Komm, Blauschleifchen! Hier
hast du eine Gemüsepastete und eine
Flasche klares Quellwasser. Bring das zu
Großmutter Bronto. Es wird ihr bestimmt
gut tun. Sie ist ein wenig krank und kann
eine Stärkung brauchen."

Blauschleifchen nahm das Körbchen
und wollte sich schon auf den Weg
machen.

Da rief die Mutter ihm ängstlich nach: „Lauf aber nicht vom Weg ab! Und vergiss nicht, Großmutter Bronto einen guten Morgen zu wünschen!"

„Ich will schon alles richtig machen", versprach Blauschleifchen und lief in den dunklen Wald.

Dort begegnete ihm der böse Tyranno.

„Guten Tag, Blauschleifchen!", sprach er. „Wohin gehst du so früh?"

„Zu Großmutter Bronto", sagte Blau-
schleifchen. „Ich bringe ihr eine köstliche
Gemüsepastete und klares Quellwasser.
Damit soll sie sich stärken."

„Blauschleifchen, wo wohnt Großmutter
Bronto?", fragte der böse Tyranno.

„Unter den drei großen Palmen", sagte
Blauschleifchen. „Du bist bestimmt schon
einmal an ihrem Häuschen vorbei-
gekommen."

Da wusste der böse Tyranno genug.

„Blauschleifchen", sprach er, „sieh
einmal die saftigen Gräser! Willst du
davon nicht einen Strauß für Großmutter
Bronto pflücken?"

Blauschleifchen blickte sich um.

„Tyranno hat Recht!", dachte es. „Großmutter Bronto wird sich gewiss über einen
schönen Strauß freuen."

Es lief vom Weg ab und geriet immer
tiefer in den Wald hinein.

Der böse Tyranno aber ging gerade-
wegs zum Haus von Großmutter Bronto
und klopfte an die Tür.

„Wer ist draußen?", rief die Großmutter.

„Blauschleifchen", antwortete der böse
Tyranno mit verstellter Stimme. „Ich
bringe Gemüsepastete und frisches Quellwasser!"

„Drück nur auf die Klinke!", rief Großmutter Bronto. „Ich bin zu schwach und
kann nicht aufstehen."

Der böse Tyranno drückte auf die
Klinke, lief ins Haus und fraß Großmutter
Bronto auf. Dann legte er sich ins Bett
und zog die Vorhänge vor.

Als Blauschleifchen einen großen
Strauß saftiger Gräser gesammelt hatte,
machte es sich wieder auf den Weg zur

Großmutter. Es trat ins Haus und sagte laut: „Guten Morgen!" Dann ging es zum Bett und zog die Vorhänge auf.

„Großmutter Bronto", rief es laut, „du hast dich aber hoch zugedeckt! Ich kann dich ja kaum erkennen."

„Ich habe hohes Fieber, mein Kind", sagte der böse Tyranno mit verstellter Stimme. „Da muss man sich so hoch zudecken."

Unter der Bettdecke aber kamen auf beiden Seiten die kurzen Vorderbeine des Untiers ein wenig hervor.

„Großmutter Bronto", sagte Blauschleifchen, „was hast du nur für kurze Beine?"

„Kurz, aber kräftig", antwortete der böse Tyranno. „Ich kann dich damit packen und festhalten." Mit diesen Worten sprang er aus dem Bett und verschlang das arme Blauschleifchen.

Als er satt war, legte er sich wieder hin. Er schlief gleich ein und fing laut an zu schnarchen.

Nach einer Weile kam der große Jäger Tenonto an dem Haus vorbei. Er hörte das Schnarchen und dachte: „Ich will nachsehen, ob Großmutter Bronto sich nicht wohl fühlt!"

Er ging hinein und fand den bösen Tyranno schlafend im Bett.

„Finde ich dich hier, du alter Sünder?", sprach der große Jäger Tenonto. „Ich habe dich lange gesucht."

Daraufhin ritzte er mit seiner scharfen Kralle dem bösen Tyranno den Bauch auf. Es dauerte nicht lange, da sah er das blaue Schleifchen leuchten. Und schon einen Augenblick später sprang Blauschleifchen heraus. Zum guten Schluss kam auch Großmutter Bronto noch lebendig hervor.

Blauschleifchen aber holte schnell große Steine. Und damit füllten sie dem bösen Tyranno den Bauch.

Als er aufwachte, wollte er fortlaufen. Aber die Steine waren zu schwer. Er sank nieder und war tot.

Da waren alle drei vergnügt. Sie aßen
die Gemüsepastete und tranken das
Quellwasser.

Blauschleifchen aber dachte: „Ich will
nie mehr allein in den Wald laufen, wenn
es die Mutter verboten hat."

# Ein großes Ei am Strand

Familie Müllerlein fuhr in die Sommer-
ferien. Das ganze Auto war voller Koffer
und voller Freude. Und voller Müllerleins
natürlich.

Vorn saßen Herr und Frau Müllerlein.
Hinten saßen Tina und Tom. Tina hatte
ihre Puppe auf dem Schoß, Tom seinen
Teddybären. Alle sangen das schöne
Lied: „Das Wandern ist des Müllers Lust".
Obwohl sie im Augenblick gar nicht
wanderten, sondern im Auto saßen.

Das kam, weil sie sich so freuten. Tina
und Tom freuten sich, weil sie nicht in die
Schule mussten. Frau Müllerlein freute
sich auch, weil sie nicht in die Schule
musste. Sie war nämlich Lehrerin.

Aber am allermeisten freute sich Herr
Müllerlein, und zwar, weil er nicht in die
Fabrik musste. Herr Müllerlein hatte eine
Fabrik, in der Klodeckel hergestellt
wurden.

Nun sind Klodeckel ja sehr notwendig,

aber die Herstellung ist doch ziemlich
langweilig. Herr Müllerlein wäre schon
in jungen Jahren lieber Zirkusdirektor
geworden als Fabrikdirektor. Und für die
Herstellung von Klodeckeln hatte er erst
recht nicht viel übrig.

Müllerleins fuhren ans Meer. Sie hatten dort ein schönes Ferienhaus gemietet. Drinnen gab es viel Platz und draußen einen großen Garten mit einer Liege-wiese.

Herr und Frau Müllerlein hatten viel Zeit für Tina und Tom. Sie spielten und lachten den ganzen Tag. Natürlich gingen sie oft ans Meer. Sie badeten und machten lange Spaziergänge am Strand.

Eines Tages fanden sie in den Dünen ein ungewöhnlich großes Ei: rosa mit schwarzen Punkten.

„Das ist ja vielleicht ein komisches Ei!", sagte Herr Müllerlein. „Wer das wohl dahin gelegt hat? Vielleicht eine Wild-gans."

Tom und Tina wollten das Ei unbedingt mitnehmen.

„Wenn wir es warm einpacken, kommt vielleicht einmal etwas heraus", sagte Tom.

„Ihr könnt es ja mal probieren", meinte Frau Müllerlein.

Im Ferienhaus packten sie das Ei in weiche Tücher und warme Pullover und legten auch noch ein Federbett obendrauf. Jeden Morgen sahen sie nach, ob sich etwas verändert hatte. Und wirklich: Nach einer Woche entdeckten sie einen Sprung in der Schale. Darunter bewegte sich etwas.

Die ganze Familie Müllerlein hockte sich um das Ei herum und wartete, was da herauskommen würde.

Am Abend des nächsten Tages waren plötzlich drei kleine Löcher in der Schale. Aus dem größten reckte sich ein kleiner Kopf. Der saß auf einem ungewöhnlich langen Hals.

Frau Müllerlein half vorsichtig mit den Fingerspitzen nach. Nun kamen vier Beine hervor und ein kräftiger spitzer Schwanz.

„Das gibt es doch gar nicht!", murmelte Herr Müllerlein.

Und Tom rief: „Papa, weißt du, wie das aussieht?"

„Ja", sagte Herr Müllerlein, „das sieht aus wie ein kleiner Dinosaurier."

„Ist er nicht niedlich?", rief Tina. „Wir wollen ihn behalten und mit nach Hause nehmen!"

„Mäh!", machte der kleine Dinosaurier. Er hörte sich an wie ein Schaf.

„Er hat bestimmt Hunger", meinte Frau Müllerlein. Sie ging in die Küche und holte, was vom Abendbrot übrig geblieben war.

Der kleine Dinosaurier fraß alles: Brot, Käse, Leberwurst, Salat und Radieschen.

Er machte noch einmal: „Mäh!" Dann fiel er um und schlief ein.

Die Familie Müllerlein machte ihm ein weiches Lager in einem Pappkarton. Sie legten ihn hinein. Er war nicht schwer. Er wog höchstens ein halbes Pfund.

„Er soll Max heißen", sagte Tom. Damit waren alle einverstanden. Schließlich gingen sie auch zu Bett.

Am nächsten Morgen war Max schon ein wenig gewachsen. Und zugenommen hatte er auch. Er wog jetzt bestimmt ein ganzes Pfund. Er frühstückte mit gutem Appetit. Dann spielte er mit Tina und Tom im Garten.

Herr und Frau Müllerlein fuhren währenddessen zum nächsten Supermarkt. Sie mussten unbedingt einkaufen. Es war nämlich nichts mehr zu essen im Haus.

Max und die Familie Müllerlein verstanden sich prima. Sie hatten einen schönen, lustigen Urlaub. Max fraß und wuchs, was das Zeug hielt. Er machte immer noch „mäh". Aber er war klug und gelehrig. Die Müllerleins beschlossen ihn mit nach Hause zu nehmen.

Leider passte Max nicht ins Auto. Beim besten Willen nicht. Da kaufte Herr Müllerlein einen Anhänger. Max stieg ein und ließ sich ziehen. Das gefiel ihm gut.

Zu Hause wurde er im Gästezimmer untergebracht. Aber nach vierzehn Tagen war es ihm dort zu eng. Max musste im Garten bleiben.

Solange es Sommer war, fühlte er sich dort sehr wohl. Aber als es Winter wurde, bekam Max eine Erkältung nach der anderen.

Herr Müllerlein musste sich etwas Neues einfallen lassen. Er hatte auch eine gute Idee. Er ließ die größte Halle seiner Fabrik leer räumen und führte Max hinein.

„Mäh!", machte Max begeistert. Denn er hatte nun Platz in Hülle und Fülle. Er konnte ruhig noch ein bisschen wachsen.

Allmählich sprach es sich herum, dass Herr Müllerlein einen echten Dinosaurier in seiner Fabrik hatte. Von nah und fern reisten viele Leute herbei. Alle wollten ihn sehen. Alle wollten ihn streicheln. Und alle waren bereit dafür Geld zu bezahlen.

„Warum nicht?", sagte Herr Müllerlein. „Wenn es Max Spaß macht, soll es mir recht sein. Vielleicht muss ich nicht länger Fabrikdirektor sein, sondern kann doch noch so etwas wie ein Zirkusdirektor werden."

Er ließ seine ganze Fabrik in ein riesiges Dinosaurierhaus umbauen, mit einem hohen Kuppelzelt darüber. Dahinein kam ein Fenster. Wenn Max Lust hatte, konnte er seinen Hals hinausstrecken. „Mäh!", blökte er so laut wie eine Schiffssirene. Und die Leute kamen in Scharen herbei.

Bald stellte Herr Müllerlein in seiner Fabrik keinen einzigen Klodeckel mehr her. Aber seine Arbeiter behielt er. Sie schrubbten Max und polierten ihm die Klauen. Und sie karrten Futter heran!

Tom und Tina brachten Max viele Kunst-
stücke bei. Bald konnte er auf den Hinter-
beinen stehen und Walzer tanzen. Er
konnte auch gut Mundharmonika spielen
und sogar auf seinem Kopf einen Ball
balancieren.

Herr Müllerlein zog einen Frack an und
führte Max vor. Frau Müllerlein saß an der
Kasse und verkaufte die Eintrittskarten.
Als Lehrerin arbeitete sie nur noch
mittwochs. Dann machte sie mit den
Schülern meist einen Ausflug ins Dino-
saurierhaus. Klar, dass sie bei allen
Kindern sehr beliebt war.

# Der Dinosaurier und das Krokodil

Vor ungefähr hundert Millionen Jahren stampfte ein Dinosaurier ganz allein durch den Wald. Er hatte beim Fressen seine Herde verloren. Aber das machte ihm nichts aus. Die saftigen Blätter der hohen Bäume waren jetzt nur für ihn da.

Er reckte seinen langen Hals und suchte sich die saftigsten Blätter aus. Gelegentlich stellte er sich sogar auf die Hinterbeine. Dann konnte er noch höher hinauflangen.

Der Tag war sehr heiß. Der Dinosaurier verspürte brennenden Durst. Er hielt Ausschau nach einem See. Seine gewaltigen Füße bewegten sich schneller. Unter ihnen dröhnte der Boden.

Endlich lichtete sich der Wald. In der blauen Luft kreisten kleine Vögel. Es duftete nach Blüten und Kräutern.

Der Dinosaurier erblickte vor sich ein schimmerndes Gewässer mit sandigem

Ufer. So schnell er konnte, bewegte er sich darauf zu. Er beugte sich nieder und trank in langen Zügen.

Als er aufblickte, merkte er, dass er nicht allein war. Über das Wasser schob sich ein hässlicher Kopf mit einer spitzen Schnauze voll scharfer Zähne. Vorstehende grüne Augen blinzelten ihm träge entgegen.

„Guten Tag!", sagte der Dinosaurier höflich. „Das Wasser schmeckt gut. Durfte ich davon trinken?"

„Warum nicht?", antwortete eine heisere Stimme. „Allerdings möchte ich gern wissen, mit wem ich es zu tun habe."

„Ich bin ein Saurier", sagte der Dinosaurier. „Einer von vielen. Die andern sind ohne mich weitergezogen."

„Dann bist du jetzt ganz allein?", fragte die heisere Stimme.

„Ja", sagte der Dinosaurier, „aber das macht mir nichts aus. Übrigens möchte ich auch gern wissen, mit wem ich es zu tun habe."

„Ich bin ein Krokodil", antwortete die heisere Stimme. „Ich bin auch ganz allein. Und das macht mir sehr wohl etwas aus. Ich habe lieber Gesellschaft."

„Ich kann ein bisschen bei dir bleiben", sagte der Dinosaurier. „Mir tun sowieso die Füße weh vom vielen Laufen."

„Komm doch ins Wasser!", sagte das Krokodil. „Du sollst sehen, das tut deinen Füßen gut."

Vorsichtig setzte der Dinosaurier einen Fuß ins Wasser, dann noch einen und noch einen und schließlich den letzten. Das machte ziemliche Wellen über den ganzen See.

„Aaah! Aaah!", seufzte der Dinosaurier beglückt. Das Wasser tat seinen Füßen wirklich gut.

„Noch ein bisschen tiefer!", sagte das Krokodil. „Hast du schon einmal zu schwimmen versucht? Schwimmen ist herrlich!"

„Das ist nichts für mich", meinte der Dinosaurier. „Dazu bin ich zu schwer."

„Beim Schwimmen wird man ganz leicht", sagte das Krokodil. „Je schwerer einer ist, umso leichter wird er. Du kannst es einmal probieren."

Da ging der Dinosaurier tiefer ins Wasser. Diesmal machte es haushohe Wellen. Das Krokodil verschwand für einen Augenblick.

Als es wieder auftauchte, schüttelte es sich. „Donnerwetter!", sagte es. „Du hast dieselbe Wirkung wie ein Sturm."

„Entschuldige bitte!", brummte der

Dinosaurier. „Ich wollte dich gewiss nicht untertauchen."

„Macht ja nichts", sagte das Krokodil. „Ich bin gern mit dem Kopf unter Wasser. Es ist ein angenehmes Gefühl. Du solltest es auch einmal versuchen."

Der Dinosaurier zögerte.

„Tauch wenigstens deinen Bauch ein!", sagte das Krokodil. „Deinen Hals kannst du ja draußen lassen. Er ist schließlich lang genug."

Das war ein guter Vorschlag. Langsam setzte der Dinosaurier sich in Bewegung. Seine breite Brust schob eine gewaltige Flutwelle über den See.

Das Krokodil tauchte hindurch und lachte. „Das war fabelhaft!", rief es. „Baden mit dir macht Spaß. Findest du es nicht auch lustig? Komm doch noch ein bisschen tiefer herein!"

In diesem Augenblick glitt ein Schatten über das Wasser. Hoch oben ertönte ein schriller Schrei. Das Krokodil und der Dinosaurier blickten hinauf.

Über ihren Köpfen kreiste mit aus-
gebreiteten Schwingen ein riesiger Vogel,
nicht ganz so groß wie der Dinosaurier,
aber gewaltig genug.

„Gib acht, Neffe Dino!", rief der Vogel.
„Hör nicht auf das Krokodil!"

Der Dinosaurier verdrehte den Hals.
„Wer bist du?", fragte er erstaunt.

„Ich bin dein Onkel Ptero", antwortete

der Vogel. „Wir kommen aus derselben Familie. Ich bin ein Flugsaurier und meine es gut mit dir."

Das Krokodil klappte sein großes Maul auf. Aus seiner Kehle kam ein Zischen. „Verschwinde!", rief es dem Vogel zu. „Dies ist mein See. Du hast hier gar nichts zu suchen."

„Flugsaurier sind frei", antwortete der Vogel. „Ich fliege, wo es mir Spaß macht. Und auf meinen Neffen Dino passe ich auch auf."

„Aber das ist nicht nötig, Onkel Ptero!", sagte der Dinosaurier. „Das Krokodil ist sehr nett und außerdem ganz allein. Wir haben zusammen gebadet."

„Das Krokodil ist weder nett noch allein", sagte Onkel Ptero. „Es ist böse und will dich zu seinen Artgenossen in den See locken."

Er stieß herab und strich mit seinen großen Flügeln dicht übers Wasser. Es war, als zöge er ein Tuch zur Seite. Der Dinosaurier riss entsetzt die Augen auf: Es wimmelte nur so von Krokodilen. Alle klappten die Mäuler auf und zischten vor Wut.

„Siehst du wohl?", rief Onkel Ptero. „Und nun mach, dass du schnell wieder an Land kommst!"

Da drehte der Dinosaurier sich um und watete, so schnell er konnte, ans Ufer.

Der See geriet in gewaltige Bewegung und verschluckte die Krokodile. Keines von ihnen ließ sich mehr sehen.

„Es ist besser, wenn du zu deiner Herde zurückkehrst", sagte Onkel Ptero fürsorglich. „Ich weiß, wo sie ist, und werde dich hinbringen."

Es wurde ein langer, mühsamer Weg. Aber endlich hatten sie es geschafft. Der Dinosaurier mischte sich erleichtert unter seine Herde. Und Onkel Ptero, der Flugsaurier, stieg nach oben und verschwand in den Wolken.

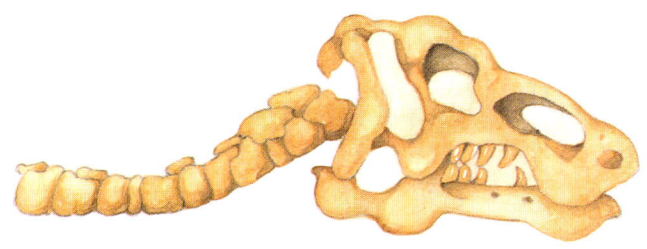

# Spuk im Museum

Um Mitternacht werden im Museum die Dinosaurier lebendig. Oder vielmehr ihre Skelette. Denn mehr als die Knochen ist ja leider nicht von ihnen übrig.

Mit diesen Knochen klappern die Dinosaurier zwischen zwölf und eins, dass man es meilenweit hört. Das klingt ziemlich schaurig. Man kann sich ordentlich gruseln dabei.

Nur Herr Bollersack gruselt sich nicht. Herr Bollersack ist Nachtwächter im Museum und hat sich längst an den Spuk gewöhnt. Meist nimmt er sogar zwischen zwölf und eins eine kräftige Mahlzeit ein. Die hat ihm seine Frau mitgegeben, damit er sich stärken kann.

Jede Nacht geht Herr Bollersack um fünf Minuten vor zwölf in den Raum, wo der allergrößte Dinosaurier steht. Der ist nämlich sein besonderer Liebling. Er hat ihn Gustav getauft. Er findet, dass das ein guter Name für einen Dinosaurier ist.

Herr Bollersack setzt sich an einen kleinen Tisch in der Ecke und packt sein Nachtmahl aus. Aber er isst noch nicht. Er wartet ab, bis die Kirchturmuhr schlägt.

Schlag zwölf wird Gustav munter. Zuerst schüttelt er sich. Dann setzt er sich in Bewegung. Er läuft durch den Raum – zuerst im Schritt, dann im Trab und schließlich im Galopp. Dreimal macht er die Runde. Dabei klappert Gustav mit sämtlichen Knochen.

Neben dem kleinen Tisch von Herrn Bollersack bleibt er stehen. Er beugt sich herab und beschnuppert das Nachtmahl. Manchmal bekommt Gustav nämlich einen Happen ab. Obst mag er am liebsten. Am allerliebsten Bananen.

Letzte Woche hat Herr Bollersack mit Gustav etwas Aufregendes erlebt. Das lag an den Bananen, die seine Frau ihm zum Nachtisch eingepackt hatte.

Zuerst aß Herr Bollersack Kartoffelsalat und ein kaltes Kotelett. Gustav mochte weder das eine noch das andere. Doch als Herr Bollersack dann die Bananen auspackte, schnüffelte er gierig daran.

„Gleich, gleich!", sagte Herr Bollersack. „Lass mich nur erst die Schale abmachen."

Gustav setzte sich auf die Hinterbeine und machte Männchen. Da musste Herr Bollersack lachen. Es sieht auch wirklich komisch aus, wenn ein Dinosaurier Männchen macht.

Gustav fraß die erste Banane. Er konnte es gar nicht abwarten, bis Herr Bollersack die zweite geschält hatte. Die dritte Banane nahm er ihm ungeschält aus der Hand.

Herr Bollersack hatte nur vier Bananen. „Halt!", rief er. „Eine will ich selbst essen!" Er zog die Schale herunter und biss hinein.

Gustav stieß ein seltsames Heulen aus. Dann schnappte er nach der Banane und lief davon. Zornig warf Herr Bollersack die Schale hinter ihm her. Gustav kicherte nur.

Nun wollte er endlich wieder spuken. Er drehte seine klappernden Runden – zuerst im Schritt, dann im Trab und dann im Galopp. Aber der Galopp wurde ihm zum Verhängnis. Er trat dabei nämlich auf die Bananenschale und rutschte aus.

Es gab ein ungeheures Klappern und Klirren und Scheppern. Dann lag Gustav als ein riesiger Haufen Knochen am Boden.

Herr Bollersack erschrak zu Tode. Er lief aufgeregt hin und besah sich das Unglück aus der Nähe. Aber er hatte keine Ahnung, wie die Knochen zusammengehörten.

Da konnte nur einer helfen: der Herr Professor! Er war Leiter des Museums und hatte viele kluge Bücher über Dinosaurier geschrieben.

Herr Bollersack rannte zum Telefon und rief den Herrn Professor an. Der hatte bereits fest geschlafen. Es dauerte lange, bis er sich meldete. Zuerst war er recht unfreundlich. Aber dann sagte er: „Ich komme sofort." Zum Glück wohnte er nur drei Häuser entfernt.

Der Herr Professor brachte auch gleich das richtige Buch mit. Darin war ein Bild von Gustav. Es zeigte alle Knochen in der richtigen Reihenfolge.

Der Herr Professor machte sich sofort an die Arbeit. Und Herr Bollersack half ihm dabei. So schnell sie konnten, setzten sie die Knochen wieder zusammen. Ehe die Spukstunde vorbei war, mussten sie fertig sein.

Um fünf Minuten vor eins hatten sie es fast geschafft. Nur an Gustavs rechtem Hinterfuß fehlte ein einziger Knochen. Sie suchten in allen Ecken. Aber sie konnten ihn nirgendwo finden.

Der Herr Professor war ganz verzweifelt, und Herr Bollersack hätte am liebsten geweint.

In allerletzter Minute entdeckte der Herr Professor auf dem kleinen Tisch die Reste von Herrn Bollersacks Nachtmahl. Er ergriff den Kotelettknochen und rief: „Der lässt sich verwenden. Er sieht fast genauso aus wie der Zeh eines Dinosauriers."

Rasch setzte er ihn an die richtige Stelle. Im selben Augenblick ertönte zwischen Gustavs Zähnen ein erleichterter Seufzer. Dann schlug die Kirchturmuhr eins.

Herr Bollersack konnte die nächste Spukstunde kaum abwarten. Auch der Herr Professor erschien pünktlich um Mitternacht.

Aber es war alles in bester Ordnung. Sobald die Uhr zwölf schlug, setzte sich Gustav in Bewegung – zuerst im Schritt, dann im Trab und dann im Galopp.

Auf dem rechten Hinterfuß hinkte er ein bisschen. Doch das machte ihm offensichtlich nichts aus.

Nachher teilten sie sich alle Herrn Bollersacks Nachtmahl. Aber zum Nachtisch gab es diesmal nur Äpfel.

# Später Besuch

Tina kam aus der Schule. Sie glühte und strahlte.

Mama fragte: „War es denn so schön heute?"

„Ganz toll!", antwortete Tina. „Wir haben über Dinosaurier gesprochen. Das hat mir gefallen."

Beim Mittagessen erzählte Tina, was sie in der Schule gelernt hatte. Mama hörte aufmerksam zu.

Tina wusste eine ganze Menge. Sie wusste, dass die Dinosaurier einhundertvierzig Millionen Jahre lang die Erde beherrscht hatten. Sie wusste, dass der letzte vor fünfundsechzig Millionen Jahren gestorben war. Sie wusste, dass es unter ihnen friedliche Pflanzenfresser und gefährliche Fleischfresser gegeben hatte.

„Frau Mura hat uns auch Bilder gezeigt", erzählte Tina begeistert. Frau Mura war ihre Lehrerin. „Sie hat ein ganz tolles Buch. Darin war ein Dinosaurier, der war so lang wie ein Omnibus und so hoch wie ein dreistöckiges Haus."

„Dann hätte der Dinosaurier ja bei uns zum Fenster hereingucken können", sagte Mama.

Tina musste lachen. Sie wohnten im dritten Stock.

Abends erzählte Tina auch Papa von den Dinosauriern. Er verstand ihre Freude und Begeisterung gut.

„Als ich noch ein kleiner Junge war", sagte er, „wollte ich auch alles über sie wissen. Es sind aufregende Tiere."

„Schade, dass sie nur noch in Büchern vorkommen!", sagte Tina.

Aber Mama meinte: „Sie würden in unserer Welt einige Verwirrung stiften. Denk doch nur an den, der so lang war wie ein Omnibus und so hoch wie ein dreistöckiges Haus!"

An diesem Abend konnte Tina lange nicht einschlafen. Ganze Herden von riesigen Dinosauriern zogen an ihren geschlossenen Augen vorbei. Endlich

legte sie sich auf den Bauch und vergrub
ihr Gesicht im Kopfkissen.

   Mit einem Mal klirrten die Fenster-
scheiben. Sie klirrten ganz gewaltig. Tina
erschrak. Steif wie ein Stock blieb sie

liegen. Noch einmal klirrten die Scheiben.
War das ein plötzlicher Sturm?

Tina drehte sich um. Vorsichtig richtete
sie sich auf. Draußen vor dem Fenster
war ein großes, helles Gesicht. Es war
nicht oben am Himmel wie der Mond,
sondern ganz dicht vor den Scheiben. Es
war ein Tier. Der Kopf eines Tieres. Der
Kopf eines Dinosauriers!

Tina setzte sich hin. Der Dinosaurier lächelte sie an. Dabei zeigte er zwei Reihen spitzer Zähne. Dann schloss er sein Maul und pochte damit ans Fenster. Dabei klirrten die Scheiben erneut.

Tina stand auf. Sie staunte selbst über ihren Mut. Aber sie wollte nicht, dass der Dinosaurier wieder verschwand. Tina öffnete das Fenster. Da reckte er seinen langen Hals ins Zimmer.

„Hunger!", sagte der Dinosaurier mit einer grollenden Bassstimme. „Ich habe grässlichen Hunger!"

Tina machte zwei Schritte zurück.

Hoffentlich war er kein Fleischfresser!

„Willst du Salat?", fragte sie. „Oder eine Gurke vielleicht?"

„Ja, gern", sagte der Dinosaurier. „Ich mag alles, was grün ist."

Tina atmete auf. Dann ging sie leise in die Küche. Niemand hörte sie. Mama und Papa schliefen wohl schon. Tina nahm den Einkaufskorb und füllte ihn mit Grünzeug. Mama war morgens auf dem Markt gewesen und hatte frisches Gemüse gekauft: Salat, Bohnen und Gurken, dazu Schnittlauch, Petersilie und Dill.

Tina trug den vollen Korb in ihr Zimmer und fütterte den Dinosaurier. Gierig fraß er ihr aus der Hand. Aber er war dabei ganz vorsichtig. Mit weichen Lippen nahm er alles entgegen. Seine Zähne streiften nicht ein einziges Mal ihre Finger. Leider war der Korb viel zu schnell leer.

„Hat gut geschmeckt", sagte der Dinosaurier. „War nur etwas wenig!" Er legte seinen Kopf auf die Fensterbank und ließ sich streicheln. Er fühlte sich angenehm an, glatt und warm.

Tina fragte: „Kommst du vielleicht morgen wieder zu mir?"

„Kann schon sein", antwortete der Dinosaurier. „Am liebsten fresse ich übrigens Spinat."

Dann drehte er sich um und ging fort. Wumm, wumm, dröhnten seine Schritte über die leere dunkle Straße.

Tina blickte ihm nach. Er war wirklich so

lang wie ein Omnibus und so hoch wie ein dreistöckiges Haus. Als er fort war, schloss sie das Fenster und legte sich ins Bett.

Morgens beim Frühstück sagte Mama: „Ich will heute Bohnen kochen. Oder möchtest du lieber Salat?"

„Es ist nichts mehr da", antwortete Tina. „Ich habe heute Nacht alles dem Dinosaurier gegeben. Du musst neue Sachen einkaufen. Am besten auch noch ein paar Pfund Spinat."

„Ach, Tina", sagte Mama, „nun träumst du sogar schon von Dinosauriern. Es wird Zeit, dass du auf andere Gedanken kommst."

Tina öffnete den Vorratsschrank und schaute hinein. Da lag wirklich noch alles Gemüse. Es fehlte nicht eine einzige Bohne und kein Blättchen Salat.

„Sprecht ihr heute in der Schule wieder über Dinosaurier?", fragte Mama.

„Nein", sagte Tina enttäuscht, „heute haben wir bloß Rechnen und Schreiben."

**Ingrid Uebe**, heute in Köln zu Hause, ist in Essen an der Ruhr geboren und groß geworden. Seit sie lesen konnte, träumte sie von einem Beruf, der etwas mit Schreiben zu tun hat. Sie wurde Journalistin und ist es mit Leidenschaft immer noch. Seit vielen Jahren schreibt sie – unabhängig von ihrer Tätigkeit für Tageszeitungen und Rundfunkanstalten – Kinder- und Jugendbücher, die mehrfach ausgezeichnet wurden.

**Heinz Ortner** ist 1953 im österreichischen Villach geboren. Er hat an der Hochschule für Angewandte Kunst in Wien studiert und ist seit 1976 als freischaffender Künstler, hauptsächlich als Bildhauer und Cartoonist, tätig. In Österreich hat er sich unter anderem mit Arbeiten für eine satirische Zeitschrift einen Namen gemacht. Durch zahlreiche Ausstellungen wurde er weit über seine Heimat hinaus bekannt. Vor einigen Jahren hat Heinz Ortner, der heute in Klagenfurt lebt, begonnen auch Kinder- und Jugendbücher zu illustrieren.